Sprich und klatsche.

Male die Silbenbögen.

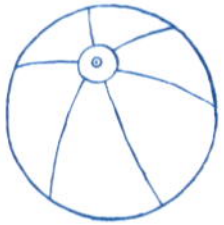

Mein Silben-Heft · www.verlagruhr.de

Male die Silbenbögen.

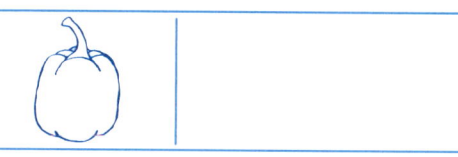

Male die Silbenbögen.

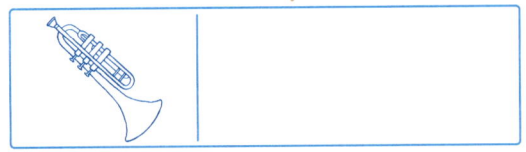

Wie viele Silben hörst du?
Schneide Bogen 1 aus, und klebe ein.

Wie viele Silben hörst du?

Schneide Bogen 2 aus, und klebe ein.

Mein Silben-Heft · www.verlagruhr.de

2 (Seite 8)

Schere: © Verlag an der Ruhr

1 (Seite 7)

Schere: © Verlag an der Ruhr

Zu welchem   gehören die Begriffe?

Schneide Bogen ③ aus, und klebe dazu.

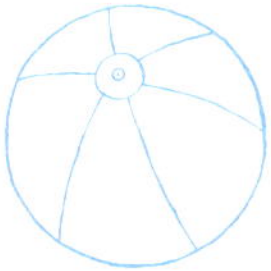

a   e   i   o   u

Mein Silben-Heft | www.verlagruhr.de | Illustrationen (Gesichter): Petra Lefin

Zu welchem aeiou gehören die Begriffe?

Schneide Bogen 4 aus, und klebe dazu.

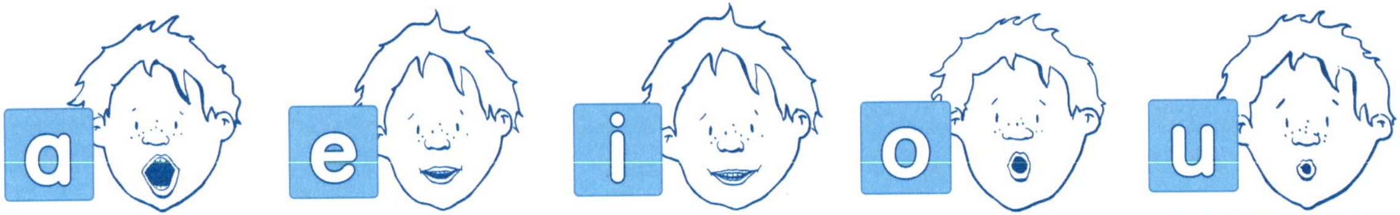

a	e	i	o	u

Abb.: Anja Boretzki 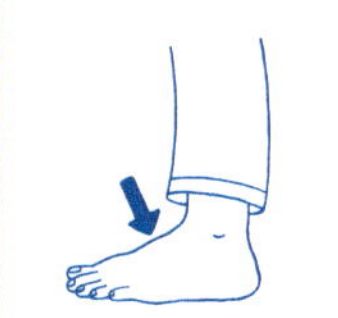 | Abb.: Anja Boretzki  | Abb.: Anja Boretzki

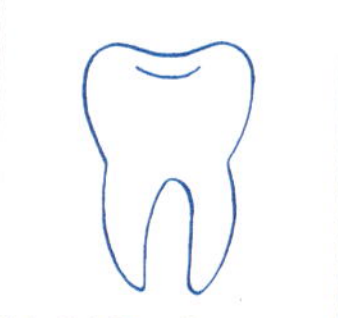

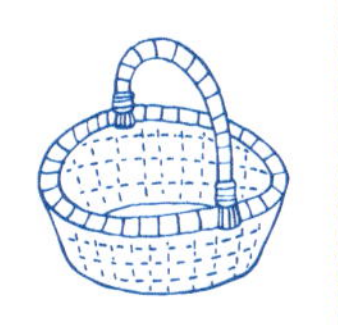

Abb.: Anja Boretzki  | Abb.: Anja Boretzki  | Abb.: Anja Boretzki

Abb.: Anja Boretzki  | Abb.: Anja Boretzki  | Abb.: Anja Boretzki

Abb.: Anja Boretzki 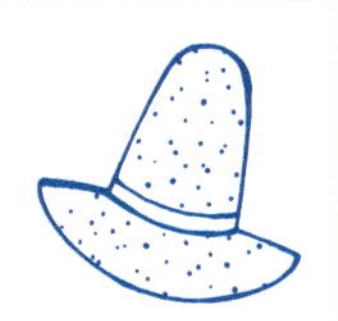 | Abb.: Anja Boretzki  | Abb.: Anja Boretzki

Abb.: Anja Boretzki  | Abb.: Anja Boretzki  | Abb.: Anja Boretzki

Schere: © Verlag an der Ruhr

Abb.: Anja Boretzki | Abb.: Anja Boretzki | Abb.: Anja Boretzki

Abb.: Anja Boretzki | Abb.: Anja Boretzki

Abb.: Anja Boretzki | Abb.: Anja Boretzki | Abb.: Anja Boretzki

Abb.: Anja Boretzki | Abb.: Anja Boretzki | Abb.: Anja Boretzki

Abb.: Anja Boretzki | Abb.: Anja Boretzki | Abb.: Anja Boretzki

Schere: © Verlag an der Ruhr

Mein Silben-Heft · www.verlagruhr.de

13

Ergänze die  .

u

Mein Silben-Heft · www.verlagruhr.de

Male die Silbenbögen. Ergänze die .

Male die Silbenbögen. Ergänze die  .

Ergänze die .

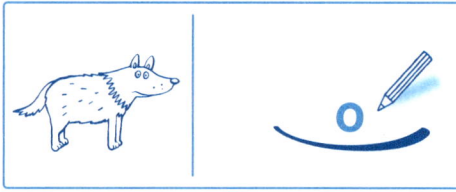 | o ✏️

 | ⌣

 | ⌣

 | ⌣⌣

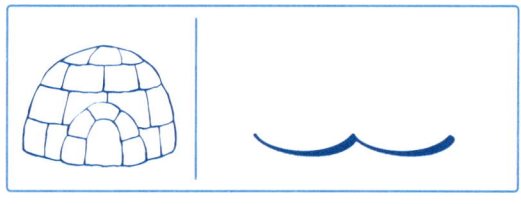 | ⌣⌣

 | ⌣⌣⌣

 | ⌣⌣⌣

 | ⌣⌣⌣

Mein Silben-Heft 　www.verlagruhr.de

Schreibe die Silbe in den dunklen Bogen.

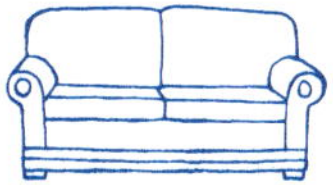

fa

Ba

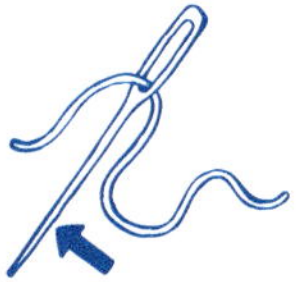

Schreibe die Silbe in den dunklen Bogen.

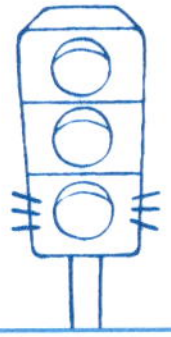

Verbinde.

La ○

Lu ○

Li ○

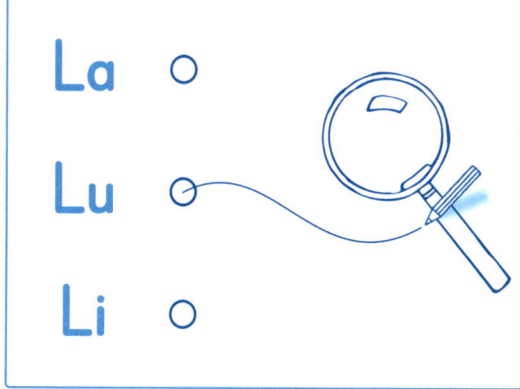

Ro ○

Ru ○

Ri ○

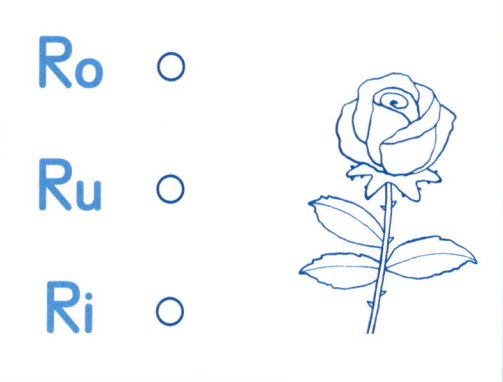

Sa ○

So ○

Si ○

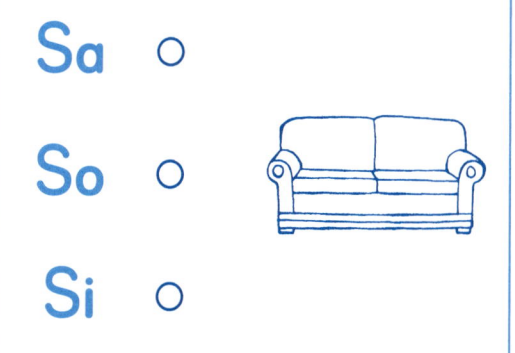

Na ○

Ni ○

Nu ○

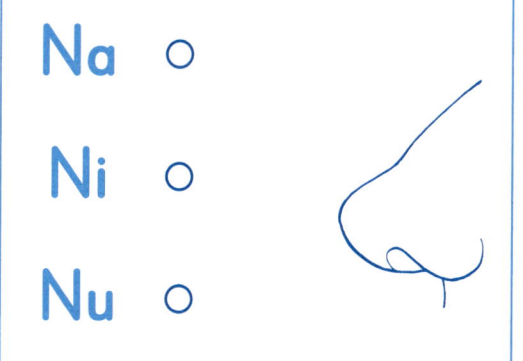

Verbinde.

Am ○

Im ○

Em ○

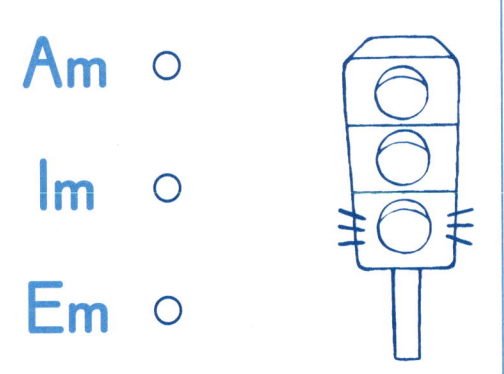

Ki ○

Ka ○

Ku ○

Be ○

Bo ○

Bu ○

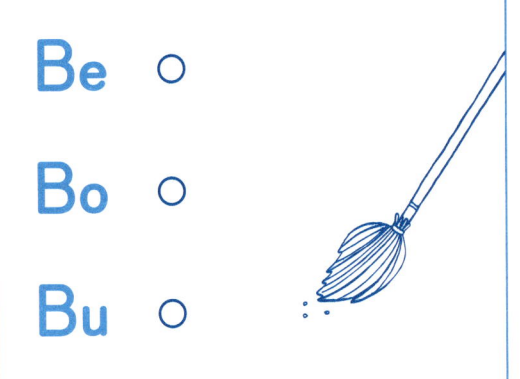

Te ○

To ○

Tu ○

Verbinde.

Do   ○

Di   ○

De   ○

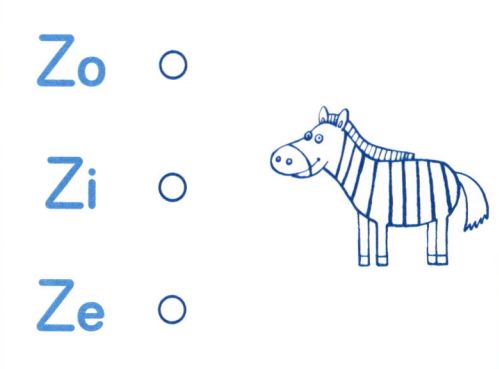

Zo   ○

Zi   ○

Ze   ○

Po   ○

Pi   ○

Pe   ○

Scho   ○

Schi   ○

Sche   ○

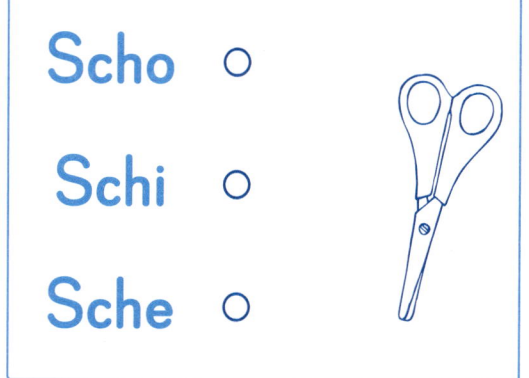

Schreibe die Silbe in den dunklen Bogen.

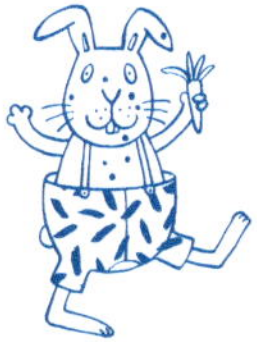

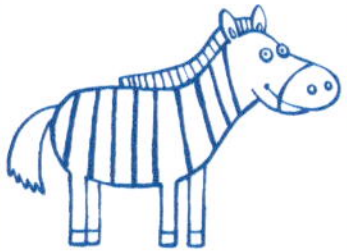

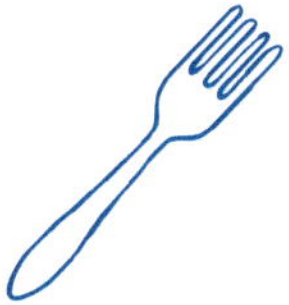

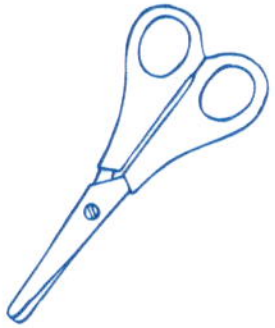

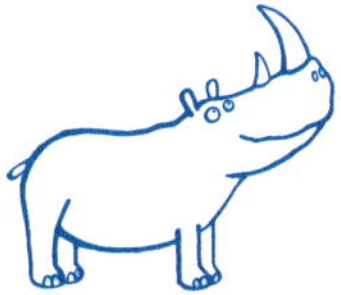

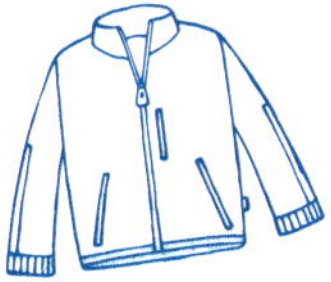

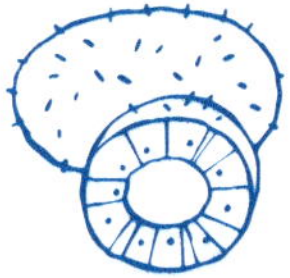

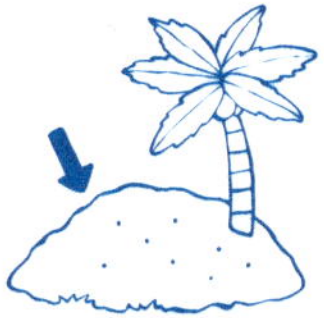

Verbinde.

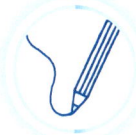

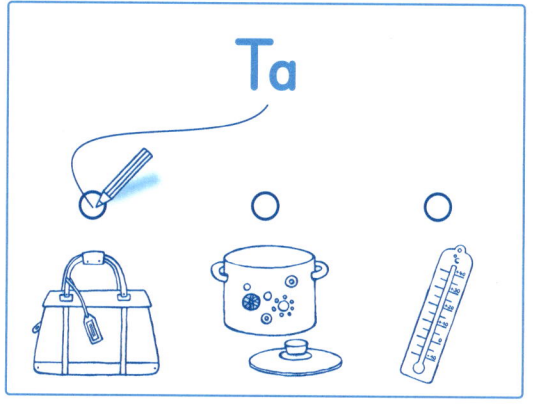

Ta

Lu

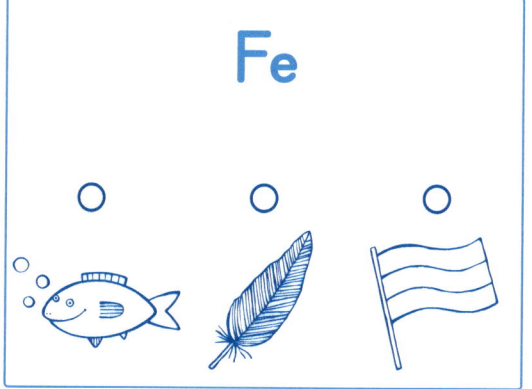

Fe

Ro

Mein Silben-Heft · www.verlagruhr.de

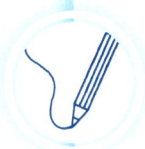

Verbinde.

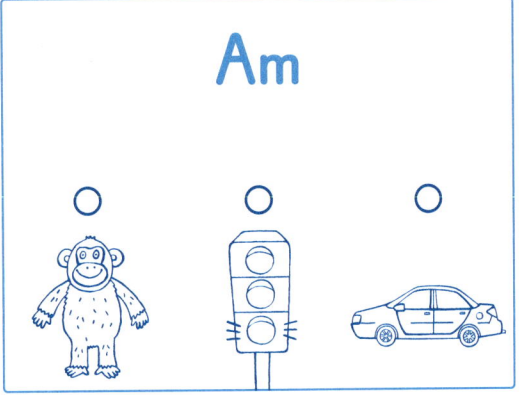

Am

Nu

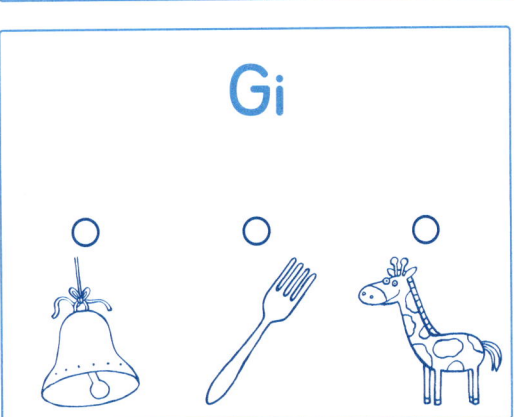

Gi

Ka

Verbinde.

Sa

○ ○ ○

Ho

○ ○ ○

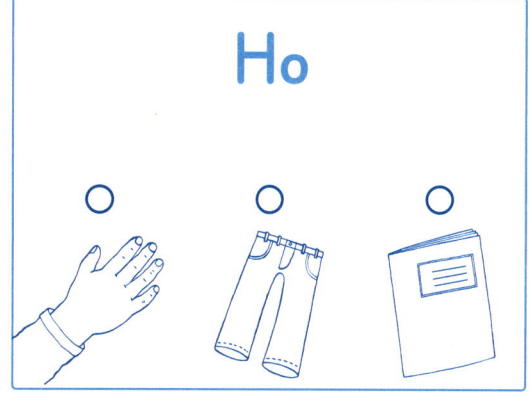

Ba

○ ○ ○

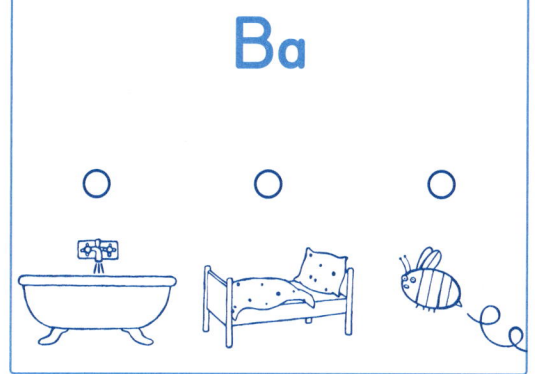

Ge

○ ○ ○

Mein Silben-Heft · www.verlagruhr.de

Schreibe die Silbe in den dunklen Bogen.

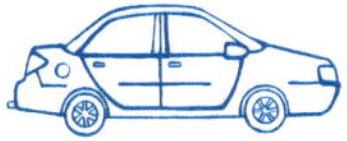

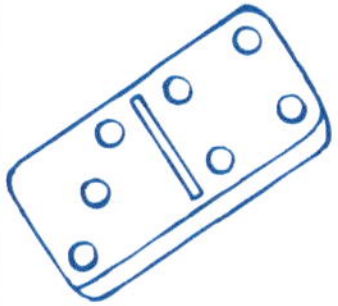

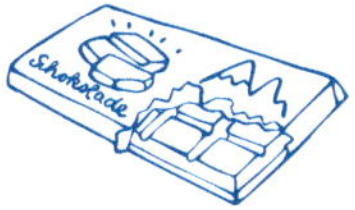

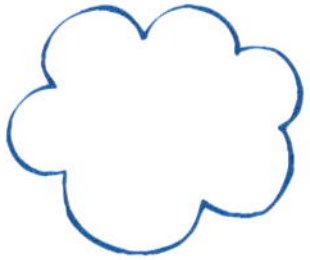

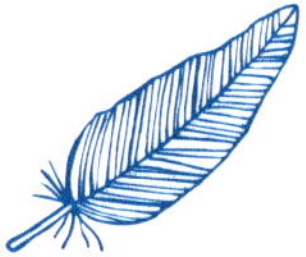

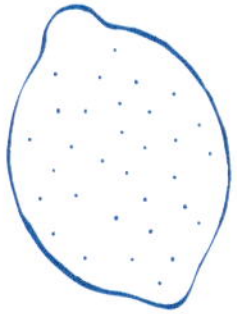

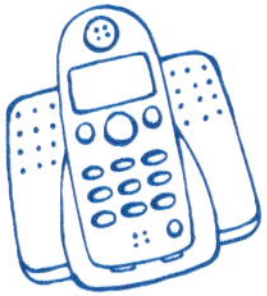

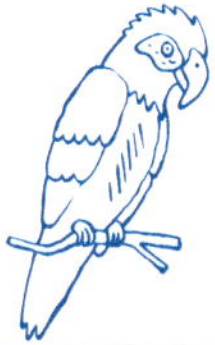

Schreibe die Silbe in den dunklen Bogen.

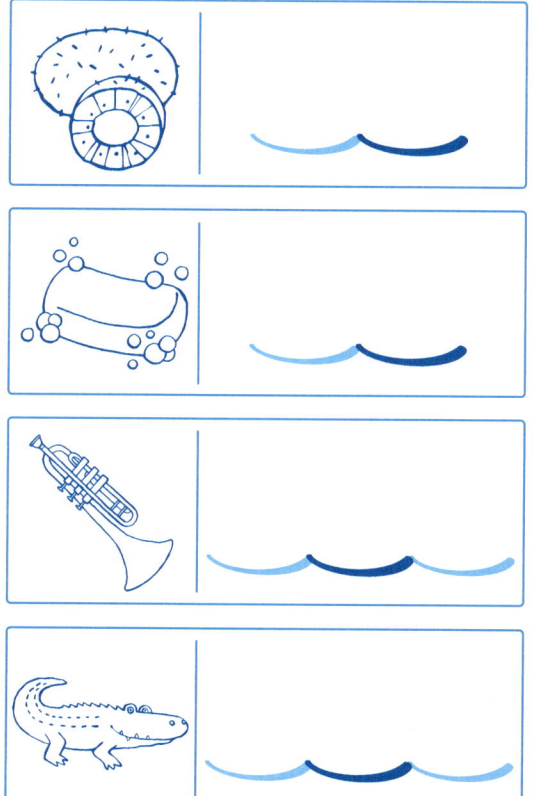

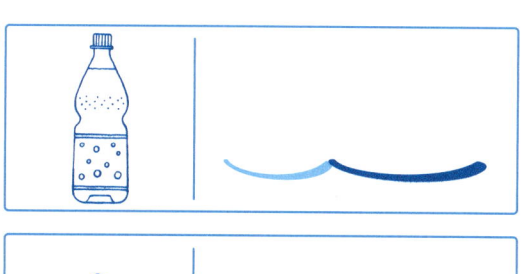

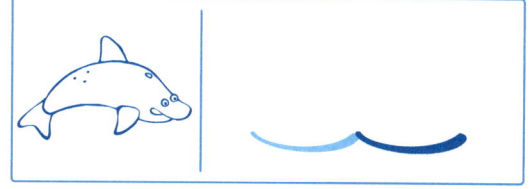

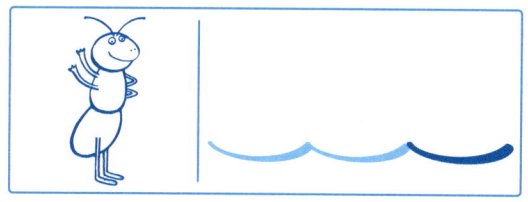

Schreibe die Silbe in den dunklen Bogen.

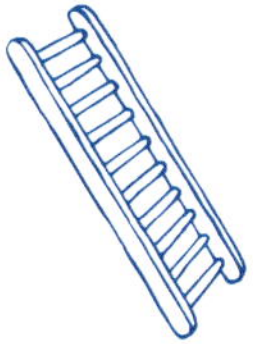

Mein Silben-Heft · www.verlagruhr.de

Verbinde und schreibe.

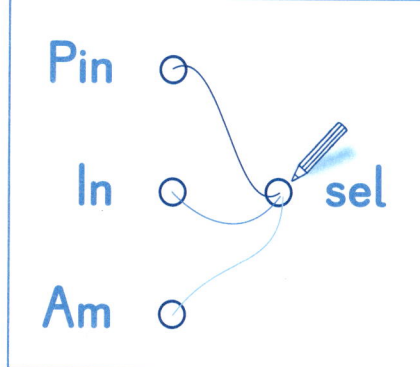

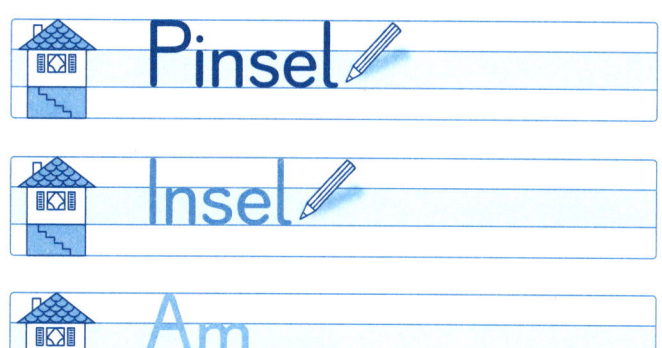

Pinsel

Insel

Am

Verbinde und schreibe.

to ○

ha ○   ○ ben

lo ○

Lei ○

Ka ○   ○ ter

Rei ○

Mein Silben-Heft www.verlagruhr.de

Verbinde und schreibe.

 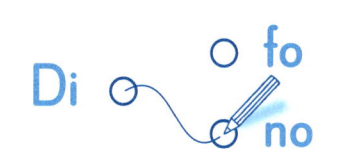 

Di   ○ fo   ○ no

Dino

 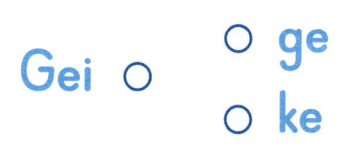 

Gei   ○ ge   ○ ke

 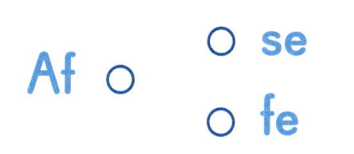 

Af   ○ se   ○ fe

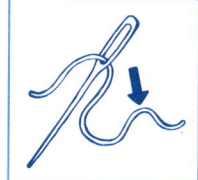  

Fa   ○ del   ○ den

Mein Silben-Heft · www.verlagruhr.de

A

Verbinde und schreibe.

Ta ○   ○ fel
        ○ del

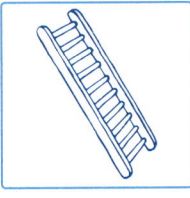

Lei ○   ○ la
         ○ ter

Re ○   ○ gal
        ○ gas

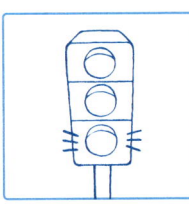

Am ○   ○ sel
        ○ pel

Verbinde und schreibe.

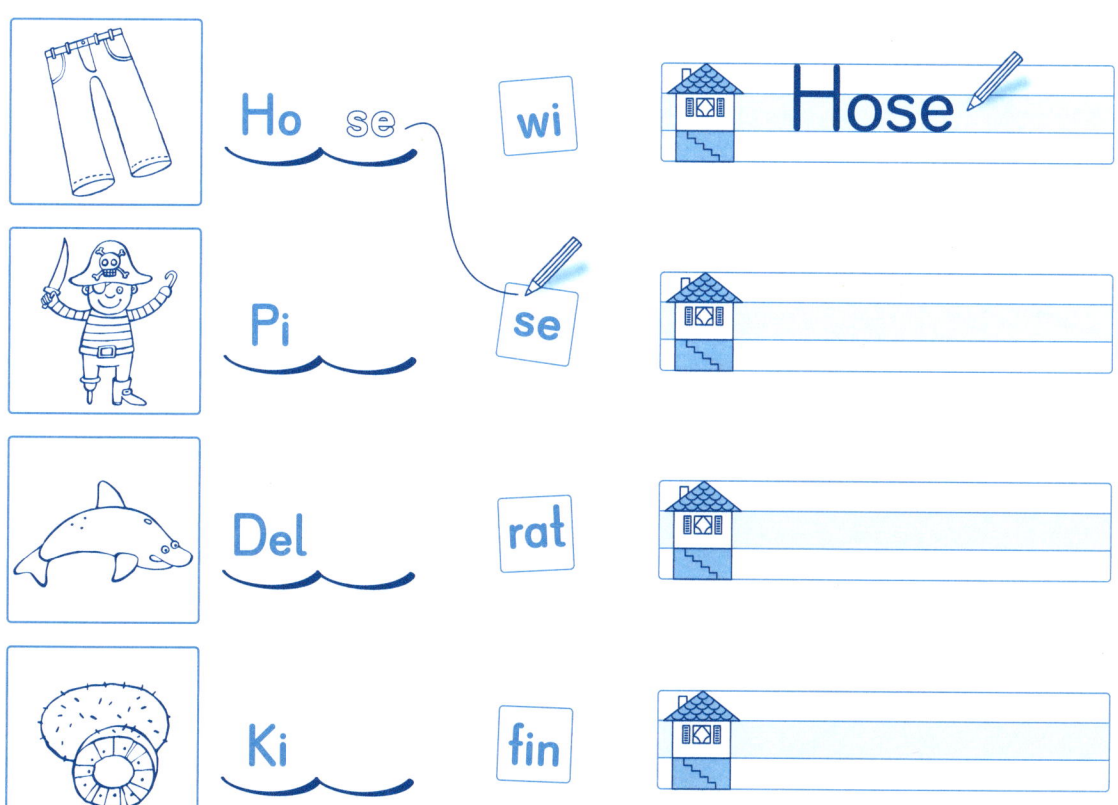

Ho se — wi

Hose

Pi

se

Del — rat

Ki — fin

A

Verbinde und schreibe.

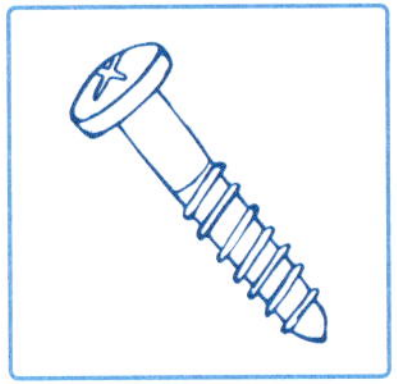

Bild	Silbe	Silbe	Schreiblinie
Schraube	Schrau	ne	
Palme	Pal	me	
Birne	Bir	be	
Schere	Sche	re	

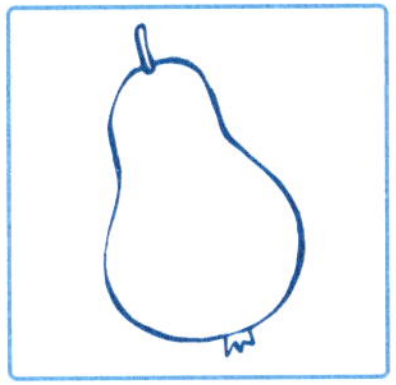

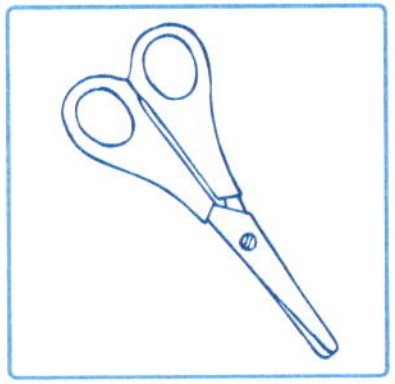

Mein Silben-Heft · www.verlagruhr.de

Lies und male.

Na se
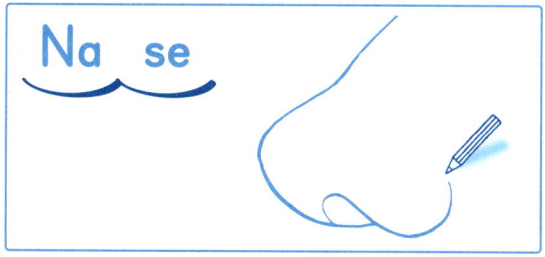

Wal

Hut

Ro se

So fa

Fisch

Lies und male.

Do se

To ma te

Rot

Re gal

En te

Ast

Lies und male.

Sa la mi

Ka mel

Po kal

Ba na ne

Ra ke te

Be sen

Mein Silben-Heft · www.verlagruhr.de

Lies und male.

Wol ke	Pa pa gei
Me lo ne	Ze bra
Baum	Te le fon

Mein Silben-Heft · www.verlagruhr.de

Male die Silbenbögen, und schreibe.

Ka   Del   Ze   Lö

bra   we   mel   fin

Löwe

Male die Silbenbögen, und schreibe.

Pal   **U**   **Rau**   **Ta**

fo   **me**   **fel**   **pe**

Male die Silbenbögen, und schreibe.

Kro   Zi   Ka   E

tro   fant   ko   no   ne   dil   le   ne

Mein Silben-Heft   www.verlagruhr.de

Lies und male.

ein   li la   So fa

ei ne   ro te   Ro se

ei ne   bun te   Ho se

Lies und male.

Ma ma   ist   im   Au to.

O ma   ist   am   See.

Ein   Ra be   ist   auf   dem   Haus.

Mein Silben-Heft · www.verlagruhr.de